Ernst Neissner

Der Kampf des Horaz für eine bessere Geschmacksrichtung

in der römischen Poesie

Ernst Neissner

Der Kampf des Horaz für eine bessere Geschmacksrichtung
in der römischen Poesie

ISBN/EAN: 9783743415041

Hergestellt in Europa, USA, Kanada, Australien, Japan

Cover: Foto ©ninafisch / pixelio.de

Manufactured and distributed by brebook publishing software (www.brebook.com)

Ernst Neissner

Der Kampf des Horaz für eine bessere Geschmacksrichtung

Programm

des

Gymnasiums zum heiligen Kreuz in Dresden,

womit

zu dem Valedictions-Actus

am 12. April

ergebenst einladet

das Lehrer-Collegium.

---

1. Der Kampf des Horaz für eine bessere Geschmacksrichtung in der römischen Poesie. Von Dr. Ernst Neissner.
2. Schulnachrichten von Prof. Dr. Klee, Rector.

Dresden.
Druck von E. Blochmann und Sohn.
1867.

Der Kampf des Horaz

für eine

Geschmacksrichtung in der römischen Poesie.

Von

Dr. Ernst Neissner.

Wenn man zugiebt, dass Natur, Unterricht, Erziehung, Zeitalter, Lebensverhältnisse die bestimmenden Factoren sind, aus denen die Eigenart eines Menschen sich herausbildet, so ist es wohl auch billig, dieselben bei Beurtheilung eines Individuums zu berücksichtigen. Nur auf solche Weise ist ein objectiver Standpunkt der Betrachtung und damit der Schlüssel wahrer Erkenntniss und gerechter Würdigung geschichtlicher Persönlichkeiten zu gewinnen. Denn fasste man die realen Bedingungen eines Menschendaseins immer in's Auge, so würden weder so verkehrte, noch so widersprechende und weit auseinander gehende Urtheile über manche Erscheinungen, namentlich der Vorzeit, im Umlauf sein, wie sie oft Jahrhunderte lang gedankenlos nachgebetet werden. Dem Horaz gerade, mit welchem sich vorliegende Blätter beschäftigen, ist es in dieser Hinsicht schlimm genug ergangen: bald wurde er in den Himmel erhoben, bald in den Staub herabgezogen. Während z. B. die erste vollständige Uebersetzung der Oden unter dem Titel erschien: „Des hochberühmten, lateinischen Poetens, Q. H. Fl., 4 Bücher Odarum in deutsche Poesie übersetzet. Dresden 1656. 8.", beweist ein anderer der ersten Uebersetzer, Groschuff, dass „Horaz nicht nur kein Latein verstanden und überhaupt ein schlechter Poet sei; sondern auch, dass er — ein Schelm, ein Trunkenbold, ein Feiger, ein Schmarotzer, ein Abergläubiger

u. s. f." gewesen sei [1]). Jedoch ist nicht zu verkennen, dass eine gerechtere Beurtheilung, die weder in Ueberschätzung, noch in Unterschätzung besteht, immer mehr Raum gewinnt, wenn man absieht von den Ueberschwenglichen, Uebelwollenden und der Partei unter den Kritikern, welche nach dem Vorgange Hofman Peerlkamps, dessen Verdienste um Horaz gewiss hoch zu schätzen sind, das Gras wachsen hört und durch ihre subjective Hyperkritik statt eines lebensfrischen Körpers eine Mumie unterschieben will [2]).

Unter den Beurtheilern des Horaz aus der neueren Zeit, welche auf objectivem Grunde die Totalität seines Wesens zu erfassen suchen, sind u. A. Weber, Jacobs, Teuffel, Aug. Arnold zu erwähnen. Jedoch hat man, trotz der Fluth der Schriften über Horaz, immer noch nicht ein ganz vollständiges und klares Bild von der Persönlichkeit unseres Dichters erlangt [3]), und es dürfte wohl auch noch eine gute Zeit hingehen, bis diese Frage zu allgemeiner Zufriedenheit gelöst ist. Die folgenden Betrachtungen sollen dazu dienen, eine Seite seines Wesens zu beleuchten, obwohl ich gleich von vorn herein auf den Anspruch verzichte, alles, was über diesen Gegenstand gesagt werden könnte, in vollkommen genügender Weise erschöpft zu haben.

---

[1] Schummel: Uebersetzerbibliothek. Hannover 1784. 8. Derselbe bemerkt über die Uebersetzung der 4 Bücher Odarum u. s. w., sie sei von M. Bohemus, der sie durch seine dreissig Schüler fertigen liess, sei ungemein lustig und anmuthig zu lesen und befördere die Verdauung fast ebenso sehr als den Geschmack. cf. Teuffel: Charakteristik des Horaz. Leipzig 1842.

[2] cf. Gruppe: Minos.

[3] Bernhardy (Grundriss der Röm. Litteratur. 4. Auflage. 1865) p. 569, Anm. 445: „Immer aber bleibt das nächste Bedürfniss, dass wir zur wohlerwogenen Schilderung der moralischen und poetischen Seiten gelangen und ein präzises Bild an die Stelle gehäufter Collectaneen und überfliessender Rhetorik tritt; erst hiedurch wird die Interpretation ein richtiges Mass und den wahren Standpunkt finden."

Das Zeitalter des Horaz und die der neuen Kunstrichtung widerstrebenden Elemente.

Es ist klar, dass viele Streiflichter auf die Persönlichkeit und die poetischen Producte des Horaz fallen müssen, wenn wir ihn selbst fragen, was denn eigentlich seine Ansicht über die Poesie sei. Dabei dürfen wir aber das Zeitalter nicht ausser Acht lassen. Horaz lebte, wie bekannt, zwischen 689—746 u. c. (65—8 v. Chr.), also in der Zeit, wo die nunmehr hinfällig und altersschwach gewordene römische Republik unter vielen Schmerzen ihr Dasein endete und eine neue Ordnung der Dinge begann, die aber keineswegs unvorbereitet war. Die Schöpfung Cäsars und seines Universalerben Augustus übte auf alle Zustände einen tiefgreifenden Einfluss aus, und nicht den geringsten auf die Litteratur. Das durch Waffen eroberte Griechenland hatte sich an seinem Sieger dadurch gerächt, dass es diesem die Fesseln seines Geistes anlegte: es vermählten sich jetzt die griechische und lateinische Litteratur, so zu sagen, officiell mit einander, und die Imperatoren gaben ihren Segen dazu. Am meisten gewann dabei im augustischen Zeitalter die Poesie, begünstigt durch die nunmehr eintretenden friedlichen Verhältnisse; denn das „l'empire c'est la paix" ist ja eine höchst löbliche Erfindung des Augustus. „Die Römer erwarben damals ein kunstgerechtes Epos, das auf einem neuen Standpunkte angelegt nationale Stoffe behandelte, einen Anfang lyrischer Poesie mit lyrischen Versmassen, dann das elegische Gedicht, vorzüglich in der erotischen Spielart, eine zeitgemässe Redaction der Satire, die verbunden mit der poetischen Epistel bis zur Philosophie des Lebens und der Wissenschaft sich erhob, endlich ein künstlerisches Lehrgedicht, das vollkommenste des Alterthums"[1]). An der Spitze der neuen modernen Kunstschule, welche die Dichtkunst in eine andere Bahn zu lenken suchte,

---

[1]) Bernhardy a. a. O. 48. p. 271.

standen, beschützt von Mäcenas und hoch geehrt von Augustus, drei mit einander innig verbundene Freunde, Varius, Vergil und, als der bedeutendste unter ihnen, Horaz. In diesem fixirte sich, so zu sagen, die ganze Richtung. Er zieht mit fester Hand die Grenzlinie zwischen der alten und neuen Zeit, indem er mit Ernst für seine Sache in die Schranken tritt und für sie Propaganda zu machen sucht. Es handelte sich hierbei um die Widerlegung der Gegner, die Zurechtweisung der zahlreichen Poetaster und die Darstellung der eigenen Principien.

Die Widerwärtigkeiten, mit welchen die neue Schule zu kämpfen hatte, waren in der That keine geringen. Die Freunde des Alten suchten ihre Geltung durch massloses Lob der Dichter der vergangenen Zeit herabzudrücken, der Geschmack des Publikums war so verdorben, dass ihm alles feine Gefühl abhanden gekommen zu sein schien, und die unverständigen Dilettanten, die meist der neuen Richtung huldigten, schadeten dem Ansehen und verletzten die Würde der Dichtkunst. Mögen auch immerhin bei dem Gebahren der „Alterthümler" zum Theil patriotische Sympathien und Antipathien zu Grunde gelegen haben, so ist doch diese Ueberschätzung der alten und Unterschätzung der neuen Dichter keineswegs zu billigen. Zu ihnen zählten namentlich Kritiker (ut critici volunt, Ep. II. 1, 51), der grosse Haufe (vulgus Ep. II. 1, 63), und die Alten (patres Ep. II. 1, 81) — Leute, nach deren Urtheile das Alte schon deshalb gut, weil es alt war, und das Neue schon deshalb verwerflich, weil es das Unglück hatte, neu zu sein [1]). Es galt dem Horaz, diesen Grund-

---

[1]) Ep. II. 1, 21—22:   nisi quae terris semota suisque
temporibus defuncta videt, fastidit et odit.
Ep. II. 1, 49:   virtutem aestimat annis
miraturque nihil nisi quod Libitina sacravit.
Ep. II. 1, 54:   adeo sanctum est vetus omne poema.
Ep. II. 1, 60—63: hos ediscit et hos arto stipata theatro
spectat Roma potens; habet hos numeratque poetas
ad nostrum tempus Livi scriptoris ab aevo.
cf. Ep. II. 1, 78—85.

satz zu bekämpfen und seine Anhänger ad absurdum zu führen. Und dies geschieht theils offen [1]), theils versteckt. „Wie sehr," sagt er, „das Volk am Alten hängt und es vergöttert, sieht man daraus (sie fautor veterum, ut etc.), dass es die Gesetztafeln der Decemvirn, die Bündnisse der Könige mit Gabii und den Sabinern, die Annalen der Oberpriester und die uralten Schriften der Weissager als Eingebungen der Musen auf dem Albanerberge preist. Dabei begeht es den grossen Fehler, die Römer mit den Griechen zu vergleichen, deren älteste schriftstellerische Erzeugnisse gerade auch die besten sind. Wenn es mit den Gedichten ebenso ist wie mit dem Weine, nämlich, dass sie durch das Alter besser werden, so möchte ich doch wissen, wie viele Jahre dazu gehören, für einen alten d. i. guten Dichter zu gelten." Darauf fragt er im Folgenden, ob ein vor hundert Jahren verstorbener Schriftsteller (scriptor) in die Zahl dieser aufzunehmen sei. Auf die Antwort, dass derselbe darunter gehöre, fragt er weiter, wie es mit der Beurtheilung dessen stehe, der ein Jahr oder einen Monat eher gestorben sei, und indem er so schrittweise vorwärts geht (utor permisso), verwischt er alle Spuren einer festen Grenzbestimmung und beweist so, dass der Eintheilungsgrund nach der Zeit ein nichtiger sei [2]). Jedoch verwahrt er sich ausdrücklich gegen den Vorwurf, dass er ein absoluter Verächter der Alten sei; es ist ihm nur um die Herstellung eines rein objectiven Urtheils zu thun. „Das Volk selbst," meint er, „sieht zuweilen, dass Manches zu veraltet, das Meiste hart, Vieles kraftlos gesagt ist. Dieses Urtheil ist verständig und billig, und ich stimme ihm ganz bei. Dabei sollte man aber auch verharren. Auch will ich ja keineswegs," schiebt er scherzhaft ein, „dass man den Livius Andronicus über Bord werfe: Orbilius hat mir als Knaben Achtung vor ihm eingeprügelt. Aber dazu kann ich mich nicht entschliessen,

---

[1]) Sat. I. 4. 10. Ep. II. 1; zum Theil auch A. P.
[2]) Ep. II. 1, 22—49; vss. 45—47 cf. Plut. Sertor. 16. Val. Max. 7, 8, 6. Frontin. I. 10. 4, 7.

die Werke der Alten für vollkommen anzusehen und wegen einzelner kleiner Schönheiten, die sich hie und da zeigen, ihre vielen groben Verstösse mit in den Kauf zu nehmen: geradezu ärgerlich aber ist es, dass man für sie nicht Entschuldigung, sondern hohe Achtung und Anerkennung verlangt [1]). Ja man geht sogar so weit, das saliarische Lied, welches man gar nicht versteht [2]), zu loben; aber" — hier macht Horaz den Excedenten unter seinen Gegnern einen schweren Vorwurf — „ein Lob der Art geht nicht aus der Anerkennung des Talents der Alten hervor, sondern zeugt nur von der Gehässigkeit gegen uns und unsere Werke. Wenn den Griechen das Neue auch so verhasst gewesen wäre, was gäbe es jetzt Altes? [3])" — Namentlich waren es die Neubildungen in der Sprache, welche den Grimm der Alterthümler erregten. Horaz vertheidigt dieses Recht energisch, indem er auf die alten Dichter Latiums verweist, welche mit gutem Beispiele darin vorangegangen und so die Sprache bereichert hätten. „Wie die Blätter im Walde sich immer verändern und die Werke der Sterblichen untergehen," so darf und muss auch sie Kraft und Saft aus der Gegenwart ziehen. Aber wie das starre Festhalten am Alten zweifellos zu tadeln ist, weil es den frischen Fortschritt hemmt, so ist es hinwiederum räthlich, alte gute Wörter aus dem Schutte der Vergangenheit hervorzusuchen. Der „Gebrauch" allein hat über die Sprache zu entscheiden, nicht die Launenhaftigkeit Einzelner.

> Multa renascentur quae jam cecidere, cadentque
> quae nunc sunt in honore vocabula, si volet usus,
> quem penes arbitrium est et jus et norma loquendi.
>
> A. P. 70—72 [4]).

---

[1]) Ep. II. 1, 63—78.
[2]) cf. Quintilian I. 6, 40: Saliorum carmina vix sacerdotibus suis satis intellecta.
[3]) Ep. II. 86—92.
[4]) A. P. 48—72 cf. Ep. II. 2, 115—121.

Indem Horaz so seinen Gegnern theils Unverständniss, theils Böswilligkeit vorwirft, bringen es seine Erörterungen mit sich, dass er sich hie und da über Dichter der Vergangenheit ausspricht. Man kann diese Urtheile wohl etwas schroff finden; jedoch von seinem Standpunkte aus erscheinen sie sehr begreiflich. Er, der geordnete und fest in sich geschlossene Geist, der durch mühsame Studien hindurch sich den Weg zu strenger Correctheit gebahnt hatte, konnte an der lockeren Schreibart jener alten vielbewunderten Dichter unmöglich Gefallen finden. Und zumal da das Neue so heftig getadelt und im Gegensatze dazu das Alte masslos gepriesen wurde, so ist es um so natürlicher, wenn eine scharfe Recension erfolgte. Die älteren römischen Dichter werden nach dem Urtheile des Horaz sämmtlich als überschätzt und sprachlich als durchaus nicht mustergiltig dargestellt. Es werden in dieser Weise von ihm erwähnt: Ennius (auch von Lucilius wegen seiner Verse verlacht, Sat. I. 10, 54; machte schlechte Verse A. P. 259—262; lobend erwähnt Carm. IV. 8, 10; desgl. wegen seiner poetischen Gedanken Sat. I. 4, 60—61; bereicherte die vaterländische Sprache durch neue Worte A. P. 56—58), Pacuvius, Attius (cf. A. P. 258—259; von Lucilius kritisirt Sat. I. 10, 53), Afranius, Plautus (wird am schärfsten beurtheilt: seine Charakterrollen erfahren harten Tadel Ep. I. 1, 170—174; die Habsucht trieb ihn zum Versemachen ib. 175—176; seine Verse sind so schlecht wie seine Witze A. P. 270—273; auch er erfand neue Worte A. P. 54), Caecilius (bildete neue Worte A. P. 54), Terentius (noch genannt Sat. I. 2, 20), Livius Andronicus (cf. Ep. II. 1, 69)[1]); Atta (Ep. II. 1, 79), Cassius Etruscus (Sat. I. 10, 61—64)[2]), Laberius (Sat. I.

---

[1]) Alle diese Dichter werden Ep. II. 1, 50—62 genannt. Auch Cato Censorius wird ib. 56 als Wortbildner angeführt.

[2]) Es wird zwar allgemein bestritten, dass dieser Cassius ebenderselbe sei, welcher als Cassius Parmensis Ep. I. 4, 3 „ehrenvoll(?)" erwähnt werde, und man hat deshalb auch fälschlich an den Redner Cassius Severus gedacht.

10, 6)¹). Am ausführlichsten verweilt Horaz bei Lucilius, dessen Geiste er zwar die vollste Gerechtigkeit widerfahren lässt und dem er in seiner Bescheidenheit den Vorrang einräumt (z. B. inventore minor Sat. I. 10, 48; infra Lucili censum ingeniumque Sat. II. 1, 75), den er jedoch in Bezug auf seine Schreibart vollständig verwirft (charakteristisch: durus componere versus Sat. I. 4, 8)²).

Ein Schriftsteller ist immer vom Publikum abhängig, und es ziemt sich auch die Wünsche desselben zu berücksichtigen, insofern sie vernünftig sind. Horaz theilt das Publikum in zwei Klassen, die sich von selbst ergeben. Er macht nämlich einen Unterschied zwischen Gebildeten und Ungebildeten, indem er zu den ersteren namentlich die Vornehmen, die vermöge ihrer Lebensstellung im Stande sind, sich eine bessere Bildung zu verschaffen, und zu den letzteren das niedere Volk rechnet, welchem eine feinere Erziehung abgeht. Obwohl er nun aber über das Publikum sich stellt, so ist ihm doch das Urtheil derer, welchen er genug Verständniss zutraut, keineswegs gleichgiltig. Daher ermahnt er in der A. P. den Dramatiker, auf diese Rücksicht zu nehmen und

---

Jedoch scheint es mir nicht unwahrscheinlich, dass darunter ein und dieselbe Person gemeint ist; denn jene Worte:
„Albi, — — — —,
quid nunc te dicam facere in regione Pedana?
Scribere quod Cassi Parmensis opuscula vincat,
An tacitum silvas inter reptare salubres,
Curantem quidquid dignum sapiente bonoque est?"
Ep. I. 4, 1—5.
können auch als im Scherz gesagt (cf. reptare) aufgefasst werden. Ferner ist wohl zu bedenken, dass Parma eine Kolonie der Etrusker war.

¹) Bernhardy a. a. O. p. 460 Anm. 356 irrt, wenn er von Laberius sagt: „In Ehren gedenkt seiner Hor. Sat. I. 10, 6." Es findet gerade das Gegentheil statt:
At idem (i. e. Lucilius), quod sale multo
Urbem defricuit, charta laudatur eadem.
Nec tamen hoc tribuens dederim quoque cetera: *nam sic*
Et Laberi mimos, ut pulchra poemata, mirer.
Sat. I. 10, 3—6.
²) Sat. I. 4, 10. Sat. II. 1.

ihr Gefühl nicht durch Abgeschmacktheiten zu beleidigen, die, wenn sie zu weit gehen, auch dem weniger oder sogar ungebildeten Zuschauer lächerlich erscheinen [1]). Leider aber war in jener Zeit der schlechte Geschmack in der Litteratur überwiegend, was sich am auffälligsten im Theater zeigte. Es war darum ein Wagstück für einen Dichter, der es ernst mit der Kunst meinte, der Bühne seine Thätigkeit zu widmen, da er immer in Gefahr war, nicht gewürdigt zu werden [2]). Denn bei den so heillosen Zuständen des römischen Theaterwesens war es ja für einen solchen kaum möglich, Beifall zu erringen. Das Gefallen an Prunk und Flitter hatte das Interesse an Gehalt und Geist in den Hintergrund gedrängt. Wie sehr das Haschen und Jagen nach Aeusserlichkeiten überhand genommen, davon giebt Horaz folgende Schilderung: „Ein Stück erlangt oft darum nicht die gebührende Anerkennung, weil die Zahl der Ungebildeten die der Gebildeten übersteigt und jene mit ihrem Willen, dem sie auch gegen Zeichen des Missfallens mit den Fäusten Nachdruck zu geben bereit sind, durchdringen, wenn es ihnen einfällt, mitten in der Vorstellung Bären und Faustkämpfer zu verlangen. Man will nicht hören, sondern nur sehen, und dieser verdorbene Geschmack ist bereits in den besseren Schichten der Gesellschaft einheimisch. Vier Stunden und noch mehr ist der Vorhang heruntergelassen, während welcher Zeit Reitergeschwader und Fussvolkschaaren dahin fliehen und darauf ein prächtiger Triumphzug mit allem Pompe vorüberzieht. Lebte Democritus noch, so würde er über das Volk lachen, das solchen Gaukeleien, wie der Vorführung einer Giraffe oder eines weissen Elephanten, und nicht der Hauptsache seine Aufmerksamkeit zuwendet; er würde es interessanter finden, das Benehmen des Volkes zu beobachten, als dem Schauspieler zuzuhören; wenn er den ungeheueren Lärm in unseren Theatern hörte, würde er meinen, dass die Dichter ihre Stücke für taube Esel

---

[1]) A. P. 112—113. 153. 248—250. 321. 341—342.
[2]) Ep. II. 1, 215.

schrieben. Man glaubt, dass der garganische Wald oder das tuskische Meer brause, wenn es Fechterspiele, Kunstwerke und Schätze des Auslandes zu sehen giebt, und tritt ein Schauspieler in einem prächtigen ausländischen Kostüm auf, sogleich entsteht ein rasender Beifallssturm. Hat er etwas gesagt? Nein! Warum klatscht man? Sein Gewand ist mit tarentinischem Purpur gefärbt [1])". — Von einem solchen Publikum wendet sich Horaz ab. Es ist ihm nichts an dem Beifalle der Menge gelegen, ja sogar, dass seine Dichtungen von Manchen insgeheim gern gelesen, aber doch öffentlich getadelt werden, kann ihn nicht berühren. Er will sich nicht die Gunst des „windigen" Volkes durch alte Kleider und Mahlzeiten erkaufen, mag auch nicht vornehmen Dichtern und Grammatikern schmeicheln. Daher der Aerger [2])". Er hat gelernt, das missgünstige Volk zu verachten [3]). Jedoch kann er es zuweilen nicht unterlassen, über seine Verächter zu spotten. Dem „schönen" Hermogenes Tigellius und dem „Affen" Demetrius räth er, in den Mädchenschulen die Lieder des Calvus und Catullus herzuheulen [4]). Mit wenigen Lesern, die ihn verstehen, zufrieden, kümmert ihn nicht das absprechende Urtheil des „albernen" Fannius und der „Wanze" Pantilius [5]). Seine Sorge ist nur, dem Plotius, Varius, Maecenas, Vergilius, Valgius, Octavius, Fuscus, den beiden Viscus, dem Pollio, Messala und dem Bruder desselben, dem Bibulus, Servius, Furnius und andern gelehrten und gebildeten Freunden zu gefallen [6]).

[1]) Ep. II. 1, 182—207. cf. A. P. 205—219.
[2]) Ep. I. 19, 35—41. v. 41: Hinc illae-lacrimae!
[3]) Carm. II. 39—40.
[4]) Sat. I. 4, 72. — Sat. I. 10, 17—19 cf. ib. 90—93. Nach der richtigen Ansicht des Acron und Porphyrion kann unter „simius (v. 18)" nur Demetrius verstanden werden. Ritter: nimirum cantiones amatorias Calvi et Catulli puellas docebant elegantius vitae genus ingressuras. Cf. Carm. III. 6, 21—24.
Ueber Fannius cf. Sat. I. 4, 21—22.
[5]) Sat. I. 10, 78—78.
[6]) Sat. I. 10, 74. 76. 81—90. Cf. Ep. I. 19, 33—34:
juvat immemorata ferentem
ingenuis oculisque legi manibusque teneri.

Höchst ergötzlich sind die Berichte über das dichterische Treiben und den sich breit machenden Dilettantismus der damaligen Zeit. Mit ironischem Lächeln sieht Horaz aus der Ferne zu. Die poetischen Genossenschaften möchten ihn gern zu ihren Vorlesungen kapern; denn das Vorlesen der eigenen Machwerke hatte in erschreckender Weise um sich gegriffen [1]). Jedoch er will seinen eigenen Weg gehen und sucht sich derartigen Ansinnen durch allerhand Ausflüchte zu entziehen, da ihm an dem Lobhudeleien und dem Gezänk der Dichter unter einander nichts gelegen war [2]). Was hätte er auch unter diesen Leuten gewollt, die doch grösstentheils weiter nichts als ästhetische Windbeutel waren, denen es nur auf die Befriedigung ihrer Eitelkeit ankam, die sich gegenseitig beräucherten und dabei, um mit Lessing zu reden, das Weihrauchfass um den Kopf warfen! Und wurden sie von Andern nicht gelobt, — so lobten sie sich selbst [3]). „Es lebten einst", erzählt Horaz, „zu Rom zwei Brüder, der eine ein Jurist, der andere ein Rhetor. Der Jurist hiess den Rhetor Gracchus und dieser jenen Mucius. Gerade so toll treiben es jetzt unsere Dichter. Ich dichte Lieder, jener Elegien — es sind prächtige Kunstwerke, von allen neun Musen gemeisselt! solche sind noch gar nicht dagewesen, sie müssen unbedingt einen Platz auf der palatinischen Bibliothek erhalten! Wir schleudern uns Schmeicheleien in's Gesicht, und fechten wie Gladiatoren. Nennt er mich Alcäus, so heisse ich ihn Kallimachus; will er noch mehr: Mimnermus, und so wächst er mit dem gewünschten Beinamen [4])."

---

[1]) Sat. I. 4, 73—78. Viele lesen, heisst es daselbst, ihre Schriften auf dem Markte und im Bade vor. Es macht dies den Narren Freude, die nicht viel darnach fragen, ob es sich schickt und passend ist.
[2]) Ep. I. 19, 41—49. Schluss:
    Ludus enim genuit trepidum certamen et iram,
      Ira truces inimicitias et funebre bellum.
Cf. Sat. I. 4, 23.
[3]) Ep. II. 2, 106—108.
[4]) Ep. II. 2, 87—101.

„Wie gross ist der Unterschied zwischen dem alten und neuen Rom!" heisst es an einer anderen Stelle. „Während man ehemals nur den praktischen Geschäften oblag, ist jetzt das Dichten epidemisch geworden. Ernste Väter und Knaben sitzen bekränzt bei der Mahlzeit und dictiren Gedichte, und ich selbst", scherzt er, „bin von diesem Fieber angesteckt. In anderen Dingen gilt der Grundsatz, nur das zu betreiben, was man gelernt hat; bei den Dichtern aber ist es etwas Anderes: jeder macht Verse, unbekümmert darum, ob er es versteht oder nicht (scribimus indocti doctique poemata passim) [1]".

Auf die grosse Anzahl der Pseudo-Dichter beziehen sich auch folgende Worte: „Wenn Du mir nicht gestatten willst, meine Gedanken zu Papiere zu bringen, so rufe ich die ganze grosse Schaar der Dichter herbei und wir machen Dich vermöge unserer Uebermacht (nam multo plures sumus) zum Proselyten [2]".

Aber es war nicht genug zu schreiben, es musste auch viel geschrieben werden. Der Polygraph Crispinus fordert den Horaz zum Zweikampfe mit dem Griffel heraus. „Nimm gefälligst", sagt derselbe, „die Tafel zur Hand, man bestimme Ort, Stunde, Wächter; wir wollen sehen, wer von uns mehr zu schreiben vermag." Aber Horaz geht nicht darauf ein, „da die Götter es gut mit ihm gemeint haben, ihn arm und klein an Geist zu erschaffen, so dass er nur selten und sehr Weniges dichte." Er überlässt es daher seinem Gegner, „wie die Winde im bocksledernen Blasebalge das Feuer anzublasen, bis das Eisen weich sei [3]". Auch

---

[1] Ep. II. 1, 108—117. Doederlein „Horazens Episteln, Leipzig 1858" übersetzt dictant v. 110: vorlesen. Dies ist aber nicht richtig und giebt eine falsche Vorstellung. Cf. vss. 108—109: populus levis — calet uno *scribendi* studio; ferner vss. 111—113 ego ipse, qui nullos me affirmo *scribere* versus — calamum et scrinia posco; endlich v. 117: *scribimus*. Die servi librarii mussten die geistreichen Einfälle ihrer Herren, welche ihnen die Muse bei Tische bescherte, aufzeichnen. — Cf. A. P. 383—385.

[2] Sat. I. 4, 140—144.

[3] Sat. I. 4, 13—21.

dem sonst so trefflichen Lucilius wird die Vielschreiberei zum
Vorwurfe gemacht¹). Ein Ausbund darin war Cassius, „dessen
Geist heftiger als ein reissender Strom dahinschoss, und welcher
eine solche Masse von Büchern zusammenschrieb, dass, der Sage
nach, ihre Anzahl genügte, ihn damit zu verbrennen²)". In der
äusserst gelungenen Beschreibung der Begegnung mit einem
Schwätzer, welcher um jeden Preis in den Kreis bei Mäcenas eingeführt sein will, lässt Horaz denselben nebst anderen empfehlungswerthen Eigenschaften auch von sich rühmen, dass Niemand mehr
und schneller als er Verse machen könne ³).

Wie dem Horaz die Vielschreiberei nach der Elle lächerlich
erschien, so war ihm das Geschlecht der sinnlosen Nachahmer
verächtlich. Als er einst nach dem Vorgange des Kratinus gesagt
hatte, dass nicht Wassertrinker, sondern nur Weintrinker gute
Gedichte verfertigen könnten, wie das Beispiel des Homer und
Ennius zeigte, wurden die Dichter zu Säufern⁴). Wie verkehrt
ein solches „Abgucken des Räusperns und Spuckens" sei, zeigt
er an zwei Beispielen: „Wer finster blickt, barfuss geht, eine
Toga aus grobem Zeuge trägt, ist noch lange kein Cato; den
Jarbita verdarb das Vorbild des Timagenes, während er witzig
und beredt sein wollte⁵). So trüglich ist ein Muster, dessen
Fehler nachahmlich sind! Würde ich durch Zufall bleich, so
würden die Dichter Kümmel trinken."

---

¹) Sat. I. 4, 9—18 cf. Sat. I. 10, 60—61.
²) Sat. I. 10, 61—64.
³) Sat. I. 9, 27—28.
⁴) Ep. I. 19, 1—11.
⁵) Ep. I. 19, 12—16, v. 15: rupit Jarbitam Timagenis aemula lingua.
Ritter erklärt höchst eigenthümlich: dum Jarbita Timagenis vocem in declamando aemulatur, abdominis rupturam passus est, quam nos dicimus Leistenbruch. Acron und Porphyrion meinen, dass (der sonst unbekannte) Jarbita
vor- Neid geborsten sei. Acron: invidia quodammodo discerptus est. Porphyrion: paene disruptus est. Richtig wohl Doederlein: corrupit Jarbitae artem
studium imitandae Timagenis maledicentiae.

> o imitatores, servum pecus, ut mihi saepe
> bilem, saepe jocum vestri movere tumultus!
> Ep. I. 19, 19—20.

Horaz gesteht, zwar auch ein Nachahmer zu sein, aber ein solcher, welcher frei von sklavischer Abhängigkeit dem römischen Geiste unbekannte Gebiete eröffnete — und deshalb wurde er als Original wieder von Anderen nachgeahmt; denn „wer sich selbst vertraut, wird als König den Schwarm anführen [1]". In ähnlicher Weise wird auch der auf das Verkehrte gerichtete Nachahmungstrieb in der A. P. geschildert. Weil Democritus, heisst es, das Talent höher schätzte als die blosse Kunst und die nüchternen Dichter vom Helikon ausschloss, glaubt ein guter Theil durch Unvernünftigkeit den Namen eines Dichters zu erlangen, nämlich durch Vernachlässigung der Regeln der Wohlanständigkeit: sie lassen Nägel, Bart und Haar wachsen, wie sie wollen, suchen einsame Orte auf und vermeiden die Bäder [2].

Auch die Familie der Plagiarii erfährt die ihr gebührende Berücksichtigung, und zwar in der Person des Celsus. Horaz erkundigt sich nämlich in dem Briefe an den Julius Florus, als dieser mit Tiberius im Felde war, nach jenem, wobei er ihn wegen seiner Abschreiberei tadelt — offenbar in der Absicht, dass Florus dem Celsus dieses Urtheil wiedersagen sollte. „Wenn er diese Untugend nicht lässt," meint Horaz, „so kann es ihm gehen wie jener Krähe, welche sich mit fremden Federn geschmückt hatte und die, als ihr jeder Vogel die seinigen wieder ausrupfte, noch dazu verlacht wurde [3]".

Als abschreckendes Beispiel eines schlechten Dichters wird auch Furius Bibaculus genannt, „welcher den Memnon abschlachtet,

---

[1] Ep. I. 19, 17—23.
[2] A. P. 295—301. Democritus meinte den „furor poeticus." Cf. Cic. de divinat. I. 81; de Orat. II. 45.
[3] Ep. I. 3, 15—20.

und die schmutzige Mündung des Rheins malt¹)". Zeugniss davon, wie verhasst dem Horaz dieses unwissenschaftliche und geschmacklose Treiben der Dichterlinge war, legt die ganze Epistel an die Pisonen ab, vorzüglich der letzte Theil derselben, welcher mit einer witzigen und zugleich bitteren Schilderung des wahnwitzigen Dichters schliesst, der, von Allen gemieden, dem Fluche der Lächerlichkeit anheimfällt²).

Neugestaltung der lateinischen Dichtkunst durch die griechische Litteratur.

Aus den Werken des Horaz weht uns ein Hauch griechischen Wesens entgegen, wenn auch nicht so rein wie aus den klassischen Schriften der Hellenen selbst; denn Horaz blieb im Grunde doch ein Römer und hat es nicht bis zur vollen Freiheit und Gelöstheit des griechischen Geistes gebracht. Jener Zug in ihm war ihm auch selbst keineswegs verborgen. Mit der dem Alterthume eigenen Offenherzigkeit, sein Licht nicht unter den Scheffel zu stellen, sagt er stolz und zugleich bescheiden:

mihi —
spiritum Graiae tenuem Camenae
Parca non mendax dedit.
Carm. II. 16, 37—39.

---

¹) Sat. I. 10, 36—37. Dieser sonst ziemlich unbekannte Furius Bibaculus wird „turgidus Alpinus" genannt, was Ritter: „der aufgeschwemmte Aelpler, der Dickbauch aus den Alpen" übersetzt. Ausserdem wird derselbe auch noch beschuldigt, den Beinamen Bibaculus von vielem bibere erhalten zu haben. Cf. Ritter Anmerk. Was „Alpinus" betrifft, so hatte er diesen Namen erhalten, weil er (wie Hieron. Chron. Euseb. bezeugt) aus Cremona gebürtig war. Die Uebersetzung von turgidus kann allerdings zweifelhaft sein, wenn man Sat. II. 5, 40: „seu pingui tentus omaso Furius" vergleicht. Es scheint jedoch passender, dasselbe mit Andern, z. B. mit Doederlein, auf die schwülstige Redeweise zu beziehen. — Cf. Bernhardy a. a. O. p. 541 Anm. 430.

²) A. P. 416—476 impr. 451—476.

Hätte er diese Verwandtschaft nicht gehabt, so würden trotz aller mühseligen Arbeit die Saiten seiner Seele nicht erklungen sein, und er wäre nicht im Stande gewesen, „das lesbische Lied auf lateinischer Laute zu singen"[1]). Dieser Gabe des Verständnisses führte er durch ernste Studien reiche Nahrung zu, und dies konnte er im vollsten Masse, da ihm ein gütiges Geschick vergönnte, frei und unabhängig von den Sorgen des Lebens und des Berufs sich in behaglicher Musse der Wissenschaft und Poesie zu widmen. Man hat, und zwar zum Theil mit Glück, versucht, den Spuren dieser Studien nachzugehen. Es sei hierbei einer verdienstvollen Arbeit von Dr. Theodor Arnold gedacht: „Abhandlung über die griechischen Studien des Horaz. 2 Abtheilungen. Progr. d. lat. Hauptschule zu Halle. 1854 u. 1855." Derselbe sagt: „Den Stoff der griechischen Studien des Horaz bildeten neben der theils vorbereitenden, theils anleitenden Beschäftigung mit den Alexandrinern vorzugsweise die Dichter und Philosophen der mit Alexander dem Grossen abschliessenden antiken griechischen Litteratur. — Wie alle Genossen der neuen Dichtkunst (man sehe den schlagenden Beweis Sat. I. 10, 40—45) dichtete Horaz nicht in's Blaue hinein, noch auf desultorische Weise, sondern wählte gewisse Gattungen der Poesie, die seinem Talente, ja seiner zeitweiligen Denkart und Gemüthsstimmung am meisten zusagten, arbeitete in und an ihnen, bis eine gewisse Vollendung erreicht, oder die Neigung dazu durch neue Pläne oder veränderte Lebensansichten erschöpft war, und suchte Anregung wie Anleitung für sie in einem passend sich ändernden Mittelpunkte seiner griechischen Studien. Diesen Mittelpunkt bildeten für die Satirenpoesie die Komiker der Griechen, für die Epoden Archilochus, für die Oden der Cyklus der Lyriker, für die Episteln die griechische Philosphie. Was immer aber Vorlage seiner Studien war, das las er wiederholt (relegere) und genau (versare), bald sich

---

[1]) Carm. I. 32, 3—5.

begeisternd an der Grossartigkeit, Fülle und Lieblichkeit des Inhalts; bald sich belehrend an Disposition und Durchführung, Fassung der Gedanken, Kunst des Versbaues, Wahl und Schmuck der Worte ¹)".

Es liegt unserem Zwecke ferner, auf das Besondere dieser Studien einzugehen. Die Frucht derselben war die Erkenntniss des traurigen Zustandes der vaterländischen Poesie, und der Wille, die lateinische Dichtkunst durch die griechische Litteratur zu veredeln und zur reinen Kunstform zu erheben. Daher wurde Horaz ein Nachahmer der Griechen, aber kein solcher, der zu dem servum pecus gehörte, sondern der in origineller Weise eine neue Bahn einschlug. Und er war auch den Griechen nicht undankbar. Begeistert entströmt seinen Lippen ihr Lob, er bekennt ohne Scheu seine Abhängigkeit, immer und immer wieder zeigt er, direct und indirect, auf sie als die Muster hin ²). Eine fast dithyrambische Anerkennung zollt er ihnen in folgenden Stellen:

Vos exemplaria Graeca
Nocturna versate manu, versate diurna.
A. P. 268—269.

Grais ingenium, Grais dedit ore rotundo
Musa loqui, praeter laudem nullius avaris.
A. P. 323—324.

Aber er begnügt sich nicht mit dem blossen Hinweise auf den Weg, den man einzuschlagen habe, sondern sucht mit philosophischem Geiste die Gründe zu erforschen, warum die Zustände Latiums in dichterischer Beziehung eben so und nicht anders seien,

---

¹) Arnold a. a. O. I. p. 2 und 3.
²) Cf. Stellen wie Carm. I. 26, 10—11. 32, 3—12. Carm. II. 13, 21—40. 16, 37—39. Carm. III. 30, 13—14. Carm. IV. 2, 1—27. 3, 12. 9, 1—12. Epd. 6, 13. Sat. I. 4, 1—5. 10, 16—17. Sat. II. 3, 11—12. Ep. I. 19, 23—25. Ep. II. 1, 90—92. 156—163. A. P. 140—152. 268—269. 275—284. 310. 323—324. 391—406.

und findet sie in der zu grossen Betonung der realistischen und in der Verkennung der ästhetischen Seite der Jugenderziehung, in der sehr späten Bekanntschaft mit den Griechen, und in der Sorglosigkeit der römischen Dichter. Nach seiner Ansicht wurde in der Schule zu viel Gewicht auf das Nützlichkeitsprincip gelegt. „Die römischen Knaben," sagt er, „lernen in langen Rechnungen das Ass in hundert Theile zerlegen. Kann einer dies gut, so wird ihm grosses Lob zu Theil und der Lehrer freut sich, dass der Knabe einst sein Geld zusammenhalten werde. Die Folge dieser einseitigen Erziehung ist" — nach Horaz die Wurzel alles Uebels — „der Geiz, welcher sich wie Rost in die Seele einfrisst und alle hohen und edlen Gefühle vernichtet"[1]). Was den zweiten Punkt betrifft, so setzt Horaz die Bekanntschaft mit der griechischen Litteratur nach Besiegung Griechenlands und sodann speciell die Bekanntschaft mit der griechischen Tragödie nach den punischen Kriegen, nach welchen man zu fragen begann, „was Sophocles und Thespis und Aeschylus Nützliches brächten." Man versuchte sich ebenfalls, zuerst mit Uebersetzungen; aber wie! — hier macht sich der Nationalstolz des Römers geltend, der Alles kann, wenn er nur will: der Römer, durchaus dazu befähigt, würde Ausgezeichnetes im Drama leisten, wenn er sich zur gewissenhaften Durcharbeitung entschlösse, es fehlt ihm, um es mit einem Worte zu sagen, die Feile [2]). Diese Sünde ist dem Horaz auch die ärgste unter allen poetischen Sünden und darum richtet er den

---

[1]) A. P. 326—332.
[2]) Ep. II. 1, 156—167 cf. A. P. 285—291. Ritter gibt zu v. 161—163 die höchst merkwürdige Erklärung: „hic *serus* fuit Lucius Accius, qui summa in Latinorum tragoedia adeptus est, natus a. 584, mortuus sub annum urbis 670" — statt nach der Construction dieses serus auf den victor v. 156 oder, was dasselbe ist, auf Latium v. 157 zu beziehen. — Des Römerstolzes würdig klingen die Worte:

nil intemptatum nostri liquere poetae,
nec minimum meruere decus vestigia Graeca
ausi deserere et celebrare domestica facta,
vel qui praetextas vel qui docuere togatas.

Hauptangriff gegen sie, wobei er aber den wahren Kern der Sache übersieht, nämlich, dass die Römer von Haus aus viel zu realistisch angelegt waren und ihr praktischer Sinn eine tiefere und feinere Auffassung der Poesie nicht zuliess. Dass aber einem so klaren Geiste, wie Horaz es war, diese Erscheinung nicht vollständig entgehen konnte, sieht man aus Folgendem:

> Romae dulce diu fuit et sollemne reclusa
> mane domo vigilare, clienti promere jura,
> cautos nominibus rectis expendere nummos,
> majores audire, minori dicere, per quae
> crescere res posset, minui damnosa libido.
> Ep. II. 1. 103—107.

Aber er denkt diesen Gedanken nicht zu Ende, sondern springt sogleich auf die Gegenwart über, indem er fortfährt:

> mutavit mentem populus levis et calet uno
> scribendi studio.
> Ep. II. 1, 108—109.

Aus eben diesem Nationalstolze, der sich das Fremde wohl aneignen, aber selbstständig verarbeiten will, entspringt auch der Tadel gegen diejenigen, welche es schön fanden, dass Lucilius lateinische und griechische Worte durcheinander gemengt habe. Horaz erklärt ein solches Verfahren geradezu für unpatriotisch und erzählt, dass ihm, als er einst griechische Verse machte, Quirinus im Schlafe nach der Mitternachtsstunde, „da wo die Träume wahr sind," erschienen sei und ihm das Dichten in der fremden Zunge verboten habe.

> „In silvam non ligna feras insanius, ac si
> magnas Graecorum malis implere catervas."
> Sat. I. 10, 34—35.[1])

---

[1]) Sat. I. 10, 20—35. v. 27:
(scilicet) oblitus patriaeque patrisque Latini.

nec virtute foret clarisve potentius armis
quam lingua Latium, si non offenderet unum-
quemque poetarum limae labor et mora.
A. P. 285—291.

Dichter und Dichterwerke.

Wir haben bis jetzt gesehen, wie Horaz, unzufrieden mit der in Rom herrschenden Richtung in der Poesie, das Studium der Griechen betonte, in denen er die Vorbilder für eine neue Aera sah. Aber damit sind immer noch nicht die Bedingungen erklärt, welche einen Dichter zum Dichter machen, und nur in sehr ungenügender Weise die Anforderungen berührt, welche an ein dichterisches Kunstwerk gestellt werden. Auch hierüber spricht Horaz bestimmte Urtheile aus. Freilich dürfen wir kein vollständiges System der Poetik verlangen; denn Horaz will ja keine wissenschaftliche Abhandlung über dieses Thema geben, sondern nur gelegentlich als Dichter in dichterischer Form dahin einschlagende Winke ertheilen. Unser Auge fällt da zunächst auf die Epistola ad Pisones, seit Quintilian auch Ars poetica genannt, welche schon im Vorhergehenden mehrfach Berücksichtigung finden musste, — ein Schriftstück, welches von jeher die Aufmerksamkeit auf sich gelenkt hat. Goethe nannte diesen Brief „ein problematisches Werk, was dem einen anders vorkommen werde als dem andern, und jedem alle zehn Jahre wieder anders." Er hat damit ein sehr wahres Wort gesprochen. Michaelis sagt: Quinti Horatii Flacci de arte poetica libro vix exstat antiquitatis monumentum quod majores virorum doctorum turbas

---

[1]) A. P. 52—53: Et nova fictaque nuper habebunt verba fidem, si
　　　　　Graeco fonte cadent parce detorta.
　Cf. Doederlein.

excitaverit atque de quo plures eaeque diversissimae sententiae prolatae sint [1]). Man ist nämlich weder über Ursache, noch Zweck, noch über den inneren Organismus dieses Schriftstückes einig, obwohl sonderbarer Weise jeder Erklärer das Richtige gefunden zu haben meint. Eine Ausnahme davon macht Doederlein, welcher von dem Versuche, den Inhalt in ein Schema zu bringen, vollständig absteht. „Ich gestehe," sagt er, „dass mir alle Versuche, mir selbst damit genug zu thun, misslungen sind." Am richtigsten urtheilt wohl Ritter darüber: Artis poeticae opus et praeceptis saluberrimis fecundum et magno auctore omnibus partibus dignum tribus capitibus constat, quorum primo pulchri dulcisque poematis descriptio continetur (v. 1—152), in altero scenicae fabulae virtutes recensentur (153—294), tertio facienda poetae et fugienda praecipiuntur (295—476). Lassen wir aber jetzt die Discussion über diesen Gegenstand fallen, so verführerisch es auch ist, näher auf denselben einzugehen. Was jedoch den Zweck betrifft, so ergiebt sich als solcher von dem Gesichtspunkte unseres Thema aus folgender: **Horaz ertheilt den Pisonen mit Berücksichtigung des dermaligen schlechten Geschmacks der lateinischen Dichter und des Publikums und mit Hinweis auf die Griechen als die Muster des wahren Geschmacks Lehren über die richtige Beurtheilung und Abfassung poetischer Producte und ermahnt den älteren der beiden Brüder lieber gar keiner, als ein schlechter Dichter zu werden.** Das im Briefe Gesagte wird dem Folgenden wesentlich zur Grundlage dienen.

Der Dichter — das ist die erste Forderung — muss als solcher geboren sein; denn die Dichtkunst ist ein Geschenk der

---

[*]) Michaelis: dissertatio de auctoribus quos Horatius in libro de arte poetica secutus esse videtur. Kiliae 1857.

Muse und des Phöbus Apollo ¹). Als Liebling der Musen steht er unter ihrem Schutze und wandelt sicher durch das Leben. Das hat Horaz selbst erfahren: denn schon als Kind, als er ermüdet vom Spiel auf dem Vultur eingeschlafen war, haben sie ihn vor dem Bisse der schwarzen Nattern und der Bären beschützt, da ihn Tauben mit dem heiligen Lorbeer des Apollo und der Myrthe der Venus bedeckt hatten. Durch ihre Hülfe ist er, „der Freund ihrer Quellen und Chöre" schon mehrfach dem Tode entronnen, und wenn sie mit ihm sind, so fürchtet er auch fernerhin keine Gefahren ²). Jenes göttliche Geschenk aber besteht in Phantasie und productiver Geisteskraft (ingenium) und Begeisterung (mens divinior) ³), es ist, um es kurz zu sagen, die poetische Ader ⁴), welche durch den Strom der Gefühle erschlossen den Mund des gottbegeisterten Sängers (vates) von erhabenen

---

¹) Carm. IV. 3, 1—35 cf. Carm. IV. 6, 29 u. 30.
Quem tu, Melpomene, semel
nascentem placido lumine videris etc.
Carm. IV. 3, 1—2.
spiritum Phoebus mihi, Phoebus artem
carminis nomenque dedit poetae.
Carm. IV. 6, 29—30.
Es ist hier zwar nur vom Lyriker die Rede, aber es versteht sich von selbst, dass die Dichter der andern Dichtungsarten implicite ebenfalls damit gemeint sind.

²) Carm. III. 4, 9—36, — v. 9 u. 12 fabulosae-palumbes. Ritter erklärt: die „schwatzhaften" Tauben: Fabulosae palumbes futuram infantis eloquentiam monstraverunt. — Wäre diese Uebersetzung die richtige, so wäre damit freilich weder den Tauben noch dem Horaz ein Compliment gesagt. Es ist aber vielmehr so zu erklären: Horaz spricht im Tone eines Berichterstatters und nennt desshalb die Tauben (der Venus) fabulosae, weil die Sage Vieles von ihnen erzählte. Im Uebrigen cf. Lambin.

³) Sat. I. 4, 43—44. So übersetzt die Worte Heindorf: des Q. H. Flaccus Satiren, erklärt v. H. Leipzig 1859. Die Stelle lautet:
Ingenium cui sit, cui mens divinior atque os
magna sonaturum, des nominis hujus honorem.
Ingenium fordert auch Democritus A. P. 295.

⁴) Carm. II. 18, 9 u. 10: ingeni benigna vena; cf. A. P. 399: nec — sine divite vena.

Worten und Gedanken überfliessen lässt (os magna sonaturum) und die Seele mit jenem lieblichen Wahnsinn (furor poeticus, amabilis insania, ἐνθουσιασμός) erfüllt, welcher sie dieser Erde entrückt und in die himmlischen Gefilde versetzt [1]). Aber gleichwie das Wasser einer Quelle stärker oder schwächer fliesst, so ist auch die dichterische Begabung keine gleiche. Wie Horaz selbst die Weisheit der Inschrift am delphischen Tempel, das „γνῶθι σαυτόν" erkannt hatte und jene Worte getreulich befolgte, so richtet er auch an die Dichter die dringende Aufforderung, ihre Kräfte nicht zu überschätzen, sondern reiflich zu erwägen, „was die Schultern zu tragen vermöchten" d. i. sich nur solche Stoffe zu wählen, welche die Kräfte nicht übersteigen [2]).

Aber das Vorhandensein dieser subjectiven Anforderungen genügt noch nicht, sondern der Dichter muss unablässig an sich arbeiten und seinen Geist an der Sonne der Studien reifen lassen; denn Natur und Kunst bedingen sich wechselseitig, und wer das Höchste erreichen will, darf von Jugend an keine Mühe scheuen.

ego nec studium sine divite vena,
nec rude quid prosit video ingenium: alterius sic
altera poscit opem res et conjurat amice.
qui studet optatam cursu contingere metam,
multa tulit fecitque puer, sudavit et alsit,
abstinuit Venere et vino; qui Pythia cantat
tibicen, didicit prius extimuitque magistrum.
A. P. 409—415.

Darum muss er sowohl sein Gefühl wie seinen Verstand bilden und das Leben mit beiden durchdringen. Was Goethe so schön von Shakespeare sagt, „bei ihm könne man sehen, wie den Menschen zu Muthe sei" — das will auch Horaz vom Dramatiker. Dies ist aber nicht so zu verstehen, dass der Dichter seine Einzelfiguren direct aus dem Leben d. i. aus dem gewöhnlichen Leben

---
[1]) Carm. III. 4, 5—8.
[2]) A. P. 38—41.

entnehmen solle. Er soll vielmehr nicht ein blosser Nachahmer sein, sondern sich vorher erst das Leben philosophisch gedeutet haben (doctum imitatorem), d. i. mit andern Worten, er soll sich feste Ideale hinstellen, „seine Personen sollen Träger eines allgemeinen Gedankens sein."

> scribendi recte sapere est et principium et fons.
> rem tibi Socraticae poterunt ostendere chartae;
> verbaque provisam rem non invita sequentur.
> qui didicit patriae quid debeat et quid amicis,
> quo sit amore parens, quo frater amandus et hospes,
> quod sit conscripti, quod judicis officium, quae
> partes in bellum missi ducis, ille profecto
> reddere personae scit convenientia cuique.
> respicere exemplar vitae morumque jubebo
> doctum imitatorem et vivas hinc ducere voces.
> A. P. 309—318 [1]).

Damit aber der Dichter nicht in leeren Abstractionen verweile, muss er auch die nackte Wirklichkeit vollständig kennen; denn ohne tiefe Kenntniss des menschlichen Herzens und Charakters im weitesten Sinne des Wortes wird er sich entweder in Phrasen verlieren oder widrige Zerrbilder zum Vorschein bringen [2]). Darum muss das aus dem Läuterungsprozesse hervorgegangene vergeistigte Object immer ein Spiegelbild des menschlichen Lebens

---

[1]) cf. Doederlein: „Der Dichter und speciell der tragische Dichter muss vor Allem philosophische Begriffe, Erkenntnisse, Bildung besitzen, Weiss er klar, was er sagen soll und will, so gibt sich das Wie von selbst." — Sehr eng fasst Ritter die Worte „Socraticae chartae": Chartas autem Socraticas dixit Phaedri Platonici partem alteram, ubi monstratum est hoc, ad bene dicendum non sufficere rhetorum artificia, sed sapientia opus esse eamque dialectica arte parari posse, h. e. eam partem Phaedri quae in nostris editionibus ad exemplar H. Stephani dispositis p. 259—278 legitur.

[2]) cf. p. 33.

sein. Die glückliche Verbindung der Idee und der Wirklichkeit ist aber nur auf dem Wege der Philosophie möglich [1]). Aber das Studium des Dichters muss noch viel mehr umfassen als die Bildung seines geistigen Ich zur künstlerischen Production, wenn er sein „Material", die Phantasie des Zuhörers oder Lesers zu der gewünschten Form verarbeiten und beleben will: er muss auch das Handwerk verstehen. Der „electrische Telegraph", durch welchen der Dichter sich mit den Geistern in „Rapport" setzt, ist die Sprache. Diese bedarf der sorgfältigsten Behandlung sowohl in formeller wie ideeller Hinsicht. Die Sprache der Poesie drängt naturgemäss zum Rhythmus, welcher seine Regelung im Metrum findet und jeder Dichtung eine bestimmte Farbe verleiht. Horaz rechnet einen Verstoss hierin sehr hoch an und will streng das von den Vorbildern aufgestellte Muster gewahrt wissen. Es freut ihn, dass man in Folge des griechischen Einflusses den „rauhen" Saturnius aufgegeben und so „Sauberkeit den zähen Schleim" verdrängt habe [2]); aber leider verständen so viele römische Dichter noch nicht das Versmass richtig zu gebrauchen. Horaz stellt folgende Regel dafür auf: für das Epos ist nach dem Vorgange Homer's der Hexameter mustergiltig, für die Elegie das Distichon, dessen Erfinder man nicht kennt; für das Spottgedicht ist der zuerst von Archilochus kunstgerecht angewendete Iambus zu gebrauchen, welchen Versfuss man auch für die Tragödie und Comödie eingeführt hat; für

---

[1]) cf. Vischer: Aesthetik IV. p. 1166 § 837: sie (d. i. die Poesie) verzehrt tiefer und inniger, als die andern (d. i. Künste), alles Stoffartige, steht im vollsten Sinne des Worts auf dem Boden der Idee und trägt den Charakter der Unendlichkeit und der Totalität, vermöge der sie in jedem Bilde ein Weltbild gibt." Ib. p. 1171 § 838: Die Poesie ist — die subjectiv-objective Kunstform u. s. w. — μίμησις der Alten: objective Darstellung; dadurch ist der Künstler ποιητής. „Jeden, der im Stande ist, seinen Empfindungszustand in ein Object zu legen, so dass das Object mich nöthigt, in einen Empfindungszustand überzugehen, folglich lebendig auf mich wirkt, heisse ich einen Poeten, einen Macher (Schiller's Briefwechsel mit Goethe Th. 6. S. 85)."

[2]) Ep. II. 1, 156—159. Der Saturnius wurde durch Ennius aufgegeben.

die einzelnen Gattungen der lyrischen Poesie sind in gleicher Weise bestimmte Metra festgesetzt. Metrum und Dichtkunst müssen im vollsten Einklange mit einander stehen [1]. Eine besondere Aufmerksamkeit wendet Horaz dem Iambus als Trimeter zu, indem er dabei den falschen Gebrauch desselben von Seiten der älteren und neueren Dichter tadelt. Der Iambus, ein „schneller" Fuss, nahm, „um schwerer in die Ohren zu fallen", Spondeen zu sich, jedoch so, dass er diesen nicht den zweiten oder vierten Platz einräumte, was aber häufig vernachlässigt wurde [2]. Durch diese Verbindung hat sowohl die Tragödie als auch Comödie eine bestimmte Färbung (color) erhalten.

Versibus exponi tragicis res comica non vult.

A. P. 89.

Doederlein bemerkt zu dieser Stelle: „Mit versibus tragicis bezeichnet Horaz die gewichtigen spondeenreichen Senare der Tragödie, im Gegensatz der hüpfenden, an Auflösungen und Anapästen reichen Senare der Comödie." Indess wird insofern ein Wechsel gestattet, dass, wenn in der Comödie ein tragisches Moment vorkommt, und umgekehrt, die Iamben den der Situation entsprechenden Charakter anzunehmen haben [3].

Horaz verlangt vom Dichter eine schwungvolle Sprache (cf. os magna sonaturum, Sat. I. 10, 43—44), welche auch in den einzelnen Worten und Ausdrücken nichts zu wünschen übrig lässt, da auf der Accuratesse des Besonderen die Schönheit des Ganzen beruht. Will daher der Dichter ein der Form nach vollendetes Werk (legitimum carmen) zu Stande bringen, so wird er

---

[1] A. P. 73—89. Cf. Arnold a. a. O. I. p. 12: „Weiterhin lernte er (Horaz) aus Werken wie die Πίνακες des Callimachus, fortgesetzt und erweitert durch Aristophanes und Aristarch, mancherlei Details über Bestand und äussere Gestaltung der griechischen Litteratur: so die Eintheilung der gesammten Poesie."

[2] A. P. 251—274.

[3] A. P. 89—97.

diejenigen Ausdrücke streichen, welche unpoetisch (parum splendoris), kraftlos (sine pondere) und der gebildeten Sprache nicht angehörig (honore indigna) sind, wenn auch ihre Entfernung Schwierigkeiten verursacht (quamvis invita recedant) und sie im Verkehrsleben Geltung haben (et versentur adhuc intra penetralia Vestae). Er darf sich nicht scheuen, gute alte Wörter wieder zu Ehren zu bringen und die Sprache durch Neubildungen zu bereichern. Die Wortverbindung muss passend sein, sinnreiche Tropen und Figuren sind nicht zu verschmähen. Ferner muss er das Breite kürzen, das Rauhe glätten, das Matte entfernen. Trotz aller dieser auf die Vollendung des Einzelnen verwandten Mühe muss das Ganze leicht und gefällig erscheinen:

> Ludentis speciem dabit et torquebitur, ut qui
> Nunc Satyrum, nunc agrestem Cyclopa movetur.
>
> Ep. II. 2, 124—125 [1]).

Wenn der Dichter sich der Kräfte, die ihm zu Gebote stehen, bewusst ist, so wird ihm auch klar sein, welche Dichtungsart er mit Aussicht auf Erfolg bearbeiten kann. Horaz will nur Lyriker, Iambendichter und Verfasser von Sermonen sein [2]). Seine lyrische Muse ist meist „muthwillig" [3]). Das Plectrum, mit welchem er „Wein, Weib und Gesang" [4]) und — ist noch hinzuzufügen — den Namen guter Freunde feiert, ist leichterer Art und

---

[1]) Ep. II. 2, 109—125 cf. A. P. 45—72; ib. 234—235; ib. 242:
> tantum series juncturaque pollet.

Zu der schwierigen Stelle Ep. II. 2, 114 cf. u. A. Doederlein, welcher auch die Erklärung v. Naegelsbach's anführt: „Verba quae versantur adhuc intra penetralia Vestae, ea nondum sunt quasi quaedam purgamenta ejecta foras." „Der Dichter meint also Wörter, die für die Poesie nicht passen, obschon sie an sich nicht unedel und noch nicht unter den Kehricht der Sprache geworfen sind."

[2]) Ep. II. 2, 59—60: Carmine tu gaudes, hic delectatur iambis,
> Ille Bioneis sermonibus et sale nigro.

[3]) Carm. II. 1, 37: Musa procax.

[4]) Carm. I. 6, 17—20 cf. p. 48 Anm. 2 und 3.

wird nur dann mit einem schwereren vertauscht, wenn es die Verherrlichung eines grossen Mannes wie des Caesar Augustus gilt [1]). Aber solche Stoffe gehören eigentlich in das Gebiet des Epikers, dessen Sache es ist, Helden und Sieger, Feldzüge, Kämpfe und Schlachten, Grossthaten im Kriege und Frieden in würdiger Weise zu besingen [2]). Eine andere Richtung wird wiederum von der Iambenpoesie vermöge ihres aggressiven Charakters verfolgt [3]). An die äusserste Grenze der Dichtkunst gehören die Sermonen; sie sind dem Horaz „Prosagedichte, die auf dem Erdboden kriechen" [4]), und ihr Stoff kann demnach auch nur ein solcher sein, welcher keinen höheren Aufschwung erfordert. Horaz handelt in Sat. I. 4. 10 und Sat. II. 1 ausführlich über seine Satire im Gegensatz zu der des Lucilius (wobei er dieselbe Sat. I. 4, 39—42 geradezu von der Dichtkunst ausschliesst) und spricht sich dahin aus, dass er den Inhalt derselben unmittelbar aus dem Leben greife und zwar die lächerliche Seite desselben, nicht um zu verletzen, sondern um die Menschen auf ihre Schwächen aufmerksam zu machen und so zu bessern. Eine hohe Achtung zollt Horaz der Tragödie, deren Dichter mit einem Magier vergleichbar ist [5]). Sein Zweifel, ob die Comödie ein Gedicht sei [6]) — eine directe Beantwortung dieser Frage, die er verspricht, ist nirgends zu finden — ist durch die vielen Beziehungen auf sie in der A. P. gelöst, und zwar zu Gunsten derselben. In Hinsicht des Stoffes

---

[1]) Carm. IV. 2, 33—34 majore plectro cf. Carm. II. 1, 40 leviore plectro.
[2]) Carm. I. 6, 1—16; Sat. II. 1, 10—20; Ep. II. 1, 229—270.
[3]) Epd. lib. VI. cf. Carm. I. 16, 1—4 (vss. 2 und 3: criminosis iambis).
[4]) Ep. II. 1, 250—251 cf. Sat. I. 6, 17:
  Quid prius illustrem satiris Musaque pedestri?
[5]) Ep. II. 1, 210—213:
  ille per extentum funem mihi posse videtur
  ire poeta, meum qui pectus inaniter angit,
  irritat, mulcet, falsis terroribus implet,
  ut magus, et modo me Thebis, modo ponit Athenis.
[6]) Sat. I. 4, 45—63.

beim Drama räth er, lieber ältere und bekannte Stoffe, vornehmlich aus dem Griechischen, mit Freiheit zu bearbeiten [1]).

Am ausführlichsten handelt Horaz über die Composition, freilich mit überwiegender Berücksichtigung des Drama; jedoch die meisten Winke, die er darüber gibt, finden auch auf die anderen Gattungen der Poesie Anwendung. Die A. P. liefert uns hier reichliche Ausbeute. Horaz vergleicht ein confuses Buch mit einem Gemälde, welches eine Gestalt darstellt, deren Glieder von überallher zusammengeholt sind, so dass nichts zu einander passt. Der Einwurf dagegen, dass die Combination der Maler und Dichter kühn sein dürfe, gilt nur insofern, als die Erzeugnisse ihrer Phantasie als möglich gedacht werden können. Wie nun bei oben erwähntem Gemälde das schöne Frauengesicht (mulier formosa superne v. 4) etwas versprach, der Künstler aber durch das wunderliche Ganze den günstigen Eindruck verdarb, so wird auch der Dichter sein Werk verunstalten, wenn dem guten Anfange der Fortgang nicht entspricht, indem er des Schmuckes halber ungehörige Dinge herbeizieht. Solche Purpurlappen (purpureus — unus et alter assuitur pannus vss. 15 und 16) taugen nichts; denn — nunc non erat his locus (v. 19). Wie bei der Malerei und Töpferei, so ist es auch bei der Dichtkunst: kann auch einer eine Cypresse gut malen, so mag er es wohl bleiben lassen, wenn er darstellen soll, wie eben Jemand Schiffbruch leidet; will ein Töpfer eine Amphora drehen, so darf ihm nicht ein Krug unter der Hand entstehen. Darum Einfachheit und Einheit!

denique sit quodvis simplex dumtaxat et unum.
A. P. 23 [2]).

Was ist nun aber der Grund, warum der grösste Theil der Dichter auch bei gutem Willen kein Gedicht zu Stande bringt, das aus einem Gusse hervorgegangen? — der Schein des Rechten

---

[1]) A. P. 119—135; 240—243 cf. Ep. II. 1, 168—170.
[2]) A. P. 1—23.

täuscht (decipimur specie recti, v. 25)! Das Streben nach Kürze verführt zur Dunkelheit, nach Glätte zur Kraftlosigkeit, nach Schwung zur Schwulst, nach Einfachheit zur Prosa, nach Mannichfaltigkeit zur Abgeschmacktheit. Woher diese Täuschung? Die Antwort ist: aus Mangel an dem rechten Kunstverständniss.
In vitium ducit culpae fuga, si caret arte.
A. P. 31 [1]).

Wer in solche Fehler verfällt, ist kein vollkommener Dichter zu nennen, ebensowenig wie der ein Künstler, welcher als blosser Techniker zwar einzelne Körpertheile, aber nicht das Ganze schön zu gestalten vermag [2]).

Dem Dichter nun, welcher seines Stoffes vollständig mächtig ist, werden Ausdruck und Ordnung der Gedanken keine Schwierigkeiten bereiten. Die Ordnung der Gedanken besteht darin, dass jedesmal gerade das gesagt wird, was die Sache erfordert, also jede Abschweifung vermieden und das, was zum Thema gehört, bis dahin aufgespart wird, wo es am Platze ist [3]). Beste Handhabung der Sprache und richtige Wahl des Metrums sind nicht ausser Acht zu lassen [4]). Aber:

non satis est pulchra esse poemata; dulcia sunto
et quocunque volent animum auditoris agunto.
A. P. 99—100.

Horaz nennt nämlich „schöne" Gedichte solche, welche in Bezug auf äussere Form und einheitliche Durchführung des Planes vollkommen sind, die also dem entsprechen, worüber bis jetzt gehandelt wurde. Jedoch ein nur schönes Gedicht ist, um mich dieses Gleichnisses hier zu bedienen, „wie ein Bild ohne Gnade." Die wahre Poesie muss Seele aushauchen; sie muss uns durch „süsse"

---

[1]) A. P. 24—31.
[2]) A. P. 32—37.
[3]) A. P. 38—44.
[4]) A. P. 45—98. Cf. p. 27—29.

Ueberredung gefangen nehmen, so dass wir ihr willig folgen, wohin sie uns führen will. Treffend sagt Vischer: „Alles ächt Poetische ist durchaus in Empfindung getaucht; es sind wahrnehmbare Wellen, warme Strömungen, welche das ganze Gebild umweben, es ist ein bestimmter Duft, der Niemand entgeht, welcher Sinn hat[1]." Sollen daher Handlung und Seelenzustand übereinstimmen, so muss der Dichter seine ganze, richtige Empfindung in die Rollen der dramatischen Personen hineintragen und diesen selbst die Worte in den Mund legen, wodurch die Empfindung zur Evidenz kommt:

> ut ridentibus arrident, ita flentibus adsunt
> humani vultus. si vis me flere, dolendum est
> primum ipsi tibi: tunc tua me infortunia laedent,
> Telephe vel Peleu: male si mandata loqueris,
> aut dormitabo aut ridebo.
> A. P. 102—105 [2]).

Die Charakterzeichnung muss psychologisch wahr, straff und einheitlich sein. Jede Person muss, je nach ihrer Anlage von Seiten des Dichters, Würde, Alter, Stand, die mit ihrer Beschäftigung verbundene Charaktereigenthümlichkeit, Nationalität, von Anfang bis zu Ende fest innehalten [3]). Einen besonderen Nachdruck legt Horaz auf die richtige Zeichnung der Charaktere der vier Altersstufen (Knabe, Jüngling, Mann, Greis), indem er eine lebensvolle Schilderung davon entwirft und den Dramatiker vor einer Verirrung in dieser Hinsicht ernstlich warnt.

> ne forte seniles
> mandentur iuveni partes pueroque viriles.
> semper in adjunctis aevoque morabimur aptis.
> A. P. 176—178 [4]).

---

[1]) Vischer a. a. O. IV. p. 1177 § 839.
[2]) Die ganze Stelle A. P. 102—113.
[3]) A. P. 114—118 cf. 119—127.
[4]) A. P. 153—178. — Man vergleiche diese unter Anm. 3 und 4 citirten Stellen, um sich von dem Irrthume Doederlein's zu überzeugen, wenn er zu

Betrachten wir ein Gedicht in seiner Totalität als Handlung, so gilt hier gleichfalls der Grundsatz der einheitlichen Durchführung, so zwar, dass der Fortschritt allmählich bis zur Höhe der Situation steigt. Der Dichter wäre thöricht, wenn er gleich am Anfang das Feuer in hellen Flammen hervorlodern liesse. Der matte Ausgang würde dem bombastischen Anfange nicht entsprechen, und die Wirkung würde demnach eine verfehlte sein. Horaz liebt es, durch Beispiele seine Lehren zu verdeutlichen. Er spricht von einem cyclischen Dichter[1]), welcher auf diese Weise ein Gedicht über den trojanischen Krieg begann. „Wie", fragt er, „soll dieser nun in entsprechender Weise fortfahren?" Die Antwort darauf lautet:

Parturiunt montes, nascetur ridiculus mus.
A. P. 139 [2]).

Darauf empfiehlt er den Homer als ein nachahmenswerthes Muster, welcher „nicht Rauch aus den Flammen, sondern aus dem Rauche Flammen emporsteigen lässt", welcher seine Schil-

---

v. 317 sagt: „Man könnte fragen, ob denn Horaz nicht den Dichter auch auf die Beobachtung des wirklichen Lebens hätte verweisen sollen? Gethan wenigstens hat er es nicht; ich glaube weil es sich für die Alten gar zu sehr von selbst verstand." Man höre z. B.:

intererit multum divusne loquatur an heros,
maturusne senex an adhuc florente juventa
fervidus, et matrona potens an sedula nutrix,
mercatorne vagus cultorne virentis agelli
Colchus an Assyrius, Thebis nutritus an Argis.
A. P. 114—118.

Und sodann:

aetatis cujusque notandi sunt tibi mores
mobilibusque decor naturis dandus et annis.
A. P. 156—157.

[1]) Wer dieser cyclische Dichter gewesen sei, ist unbekannt. Cf. Welcker: Der epische Cyclus. Bonn 1835. p. 99.

[2]) Die CC. haben theils parturiunt, theils parturient. Die letztere Lesart ist doch wohl nur eine Accomodation an die vorausgehenden Futura und das nachfolgende nascetur.

derungen nicht „ab ovo" beginnt und überhaupt so dichtet, dass
sich Anfang, Mittel und Ende in der schönsten Weise entsprechen:

> semper ad eventum festinat et in medias res
> non secus ac notas auditorem rapit, et quae
> desperat tractata nitescere posse, relinquit,
> atque ita mentitur, sic veris falsa remiscet,
> primo ne medium, medio ne discrepet imum.
>
> A. P. 148—152¹).

Horaz giebt auch einige Regeln für die **bühnengerechte Bearbeitung** der Tragödie. Da die klassische Tragödie auf mythisch-heroischem Boden spielte, so wurde, wesentlich in Anbetracht der einfachen Bühnenverhältnisse und der Schwierigkeit der Darstellung des Stoffes, Vieles dem Berichte des Boten (des ἄγγελος und ἐξάγγελος) überlassen. Horaz verkennt nicht die Wirkung des lebendigen Wortes; denn „was das Ohr uns sagt, reizt schwächer den Geist, als das, was die treuen Augen sehen." Aber das Unschöne und Unglaubliche, wie der Kindermord der Medea, das Kochen der Eingeweide von Seiten des gottlosen Atreus, die Verwandlung der Prokne in einen Vogel und des Kadmus in einen Drachen, beleidigt das Gefühl, und deshalb verweist er alles Derartige in das Gebiet der Erzählung.

> quodcumque ostendis mihi sic, incredulus odi.
>
> A. P. 187.

Fünf Acte soll das Stück haben, nicht mehr und nicht weniger. Eine gewaltsame Lösung des Knotens durch einen Gott ist zu verwerfen. Nicht mehr als drei Personen dürfen auf der Bühne sprechen ²).

Mit der griechischen Tragödie war der Chor eng verbunden. Es fragt sich, in welcher Weise derselbe bei den Römern gehand-

---

¹) A. P. 136—152.
²) A. P. 179—192.

habt wurde. Bernhardy¹) nimmt den Verlust des Chors nach Art der Griechen für gewiss an, „da die Römer den Kern der chorischen Dichtung bestimmt aufgaben oder den höhern Theil der griechischen Tragödie. Sie hatten niemals einen Chor als Vertreter und Organ des Volks gekannt u. s. w. Diesen Platz nahm seit den Tagen des alten Livius die Person des cantor²) nebst seinem canticum ein u. s. w. Das canticum — war der Ausdruck leidenschaftlicher oder erregter Stimmung und bewegte sich in freieren Versmassen, deren Tacte die Musiker festgesetzt hatten." Dagegen spricht sich Grysar³) entschieden für das Vorhandensein eines solchen Chors aus und stützt sich wesentlich auf Horaz. „Horaz", sagt er, „gibt die Functionen des tragischen Chors so an, wie sie sich in den meisten Tragödien der Griechen und selbst in denen des Seneca nachweisen lassen. Es ist mithin sehr wahrscheinlich, dass die römischen Tragiker, wenn sie bei ihren Nachbildungen der griechischen Stücke den Chor nicht ausfallen lassen konnten, wenigstens die Hauptgedanken der griechischen Chorgesänge abgekürzt und in einer durch die lateinische Sprache bedingten Form wiedergegeben haben. Ich bin nämlich weit entfernt davon, zu glauben, dass sie, obgleich manche schöne und schwungvolle Stelle in den noch erhaltenen Bruchstücken sich findet, den ganzen Reichthum an Ideen und Sentenzen, der sich eben in den griechischen Chören findet, und die Kraft und Mannichfaltigkeit in der Darstellung überhaupt zu erreichen sich bemüht haben." Bernhardy⁴) erwidert: „Diesen Chor möchte man kaum eine schwache Partie in der römischen Tragödie nennen; er war wohl überall ein Beiwerk." Der Streit ist noch nicht entschieden.

---

[1] A. a. O. p. 396 Anm. 287.
[2] A. P. 155.
[3] Grysar: Ueber das Canticum und den Chor in der römischen Tragödie. Sitzungsberichte der phil.-hist. Cl. der Kaiserl. Akad. der Wissensch. XV. Wien 1855. p. 365 ff. — Cf. p. 394.
[4] A. a. O.

Die Interpreten theilen sich in zwei Lager. Während z. B. Orelli und Doederlein einen Chor annehmen, sagt Ritter zu den diese Frage betreffenden Versen A. P. 193—219: „Hunc locum diligentius tractavit propterea, quod insigne chori decus a tragoedia Latina omissum in hanc introducendum esse suo jure existimavit." In der Anm. zu vss. 202—219 wird den Lesern wiederum eingeschärft, dass es sich hier nur um den griechischen Chor handele, am allereindringlichsten aber in der Anm. zu vss. 206—219 (cave ne de aliis nisi Graecis haec dicta accipias: nam Graeci chori vicissitudines Horatius enarrat), und nochmals in der Anm. zu vss. 208—210. Ein genaueres Eingehen auf diesen Punkt würde den Raum einer besonderen Abhandlung erfordern. Man sieht schon aus den öfteren Verwarnungen sowie aus der ganzen Beweisführung Ritter's, dass obige Verse auch eine für seine Ansicht höchst gefährliche Seite haben. Man lese nur Folgendes:

tibia, non ut *nunc* orichalco vincta tubaeque
aemula, sed tenuis simplexque foramine pauco
aspirare et *adesse choris erat utilis atque
nondum spissa nimis complere sedilia flatu:
quo sane populus numerabilis, utpote parvus
et frugi castusque verecundusque coibat.
postquam coepit agros extendere victor et urbes
latior amplecti murus.* vinoque diurno
placari Genius festis impune diebus,
accessit numerisque modisque licentia major.
A. P. 202—211.

Es ist kaum anzunehmen, dass Horaz in einer so durchaus unmotivirten Weise von dem griechischen Chore und Volke spricht, und ich stimme Grysar ganz bei, dass Horaz „jedenfalls das Aufführen von tragischen Chören auf der (römischen) Bühne voraussetzt." Ich lese demnach aus der ganzen Stelle vss. 193—219 diese Erklärung heraus: 1) dass Horaz allerdings ganz und gar die Function des griechischen Chors beschreibt, 2) dass er aber mit Hinweis auf den griechischen Chor vom römischen Chore und Volke spricht, wobei er sich zugleich bitter über die lärmende Flötenmusik, über die Ansprüche des Publikums an das Kostüm des Flötenspielers und die gesteigerten Anforderungen an die Saiteninstrumente und über die geschraubte Sprache der gegenwärtigen römischen Bühne beklagt.

Kehren wir nach dieser nothwendigen Abschweifung wieder zur Sache zurück. Der Chor ist, nach der geistreichen Aeusserung A. W. v. Schlegel's, der idealisirte Zuschauer. Er soll „thätig in die Handlung mit eingreifen" (officium virile defendat), nichts Unpassendes während der Acte singen, den Guten wohlwollen und sich mit ihnen verbinden, die Zornigen zurechtweisen, die Rechtschaffenen lieben[1]), einfache Kost, Gerechtigkeit, Gesetze und Ruhe loben, Geheimnisse bewahren und die Götter bitten, dass das Glück sich den Unglücklichen zu- und von den Hochmüthigen abwende."

Mit gewichtigeren Gründen zieht man gegen ein in Rom einheimisches Satyrspiel zu Felde, obgleich man gerade auf Grund des Horaz zweifelhaft sein könnte[2]). Allein der Fall liegt hier ganz anders wie bei der Frage in Betreff des Chors. Denn während Horaz in Hinsicht des letzteren mit vollem Bezug auf die Gegenwart spricht, greift er, ehe er zum Satyrspiel selbst übergeht,

---

[1]) So verstehe ich die Worte amet peccare timentes v. 197, die keineswegs dasselbe sagen wie bonis faveatque etc. v. 196. Boni sind diejenigen, „die in ihrem dunklen Drange des rechten Weges sich stets bewusst sind", die von Natur Guten, denen, wenn das Verhängniss naht, der Chor beistehen soll, während peccare timentes solche sind, welche mit Bewusstsein sich nicht durch Verlockungen vom rechten Wege abbringen lassen, also: die Rechtschaffenen. Acron erklärt a. peccare t.: innocentes. Bentley, und nach ihm Doederlein, will pacare für peccare, weil durch Annahme des letzteren eine tautologische Wiederholung stattfinden würde, was aber nach der gegebenen Erklärung nicht der Fall sein würde. Dritte Lesart: pacare tumentes.

[2]) cf. Spengel: Philol. XVIII. p. 99.

in die Vergangenheit zurück, erzählt kurz die Entstehung und den Verfall desselben, und wendet dann, bei Ertheilung der Vorschriften, wie ein solches zu componiren sei, die Futura an, so dass man sehr wohl annehmen kann, „es beschäftige ihn nur ein theoretisches Interesse, das der Kunstgeschichte, nicht die Praxis" [1]), oder, wie Grysar sagt, „er ertheile hier Vorschriften, die befolgt werden müssten, wenn einmal einer nach dem Muster der Griechen ein Satyrspiel zu schreiben unternähme." Diese Vorschriften, welche sich auf das Verhalten der Personen im Satyrspiel erstrecken, sind folgende: der Gott oder Heros, welcher eben in der Tragödie aufgetreten ist, darf nicht in einer seiner Rolle ungeziemenden Weise erscheinen, entweder sich gemeiner Reden bedienen oder allzu pathetisch sprechen, oder in den leichtfertigen Ton der Satyrn einstimmen. Man muss immer noch etwas von dem Schwunge der Tragödie verspüren. Ferner darf sich das Satyrdrama nicht in die Komödie verlieren, so dass kein Unterschied zwischen dem Silenus und dem Davus und der Pythia ist. Auch muss die Haltung der Satyrn (Fauni v. 244) fein abgewogen sein: die Reden derselben dürfen weder schmutzig sein und pöbelhafte Schimpfworte enthalten, noch zu viel Bildung oder Zartheit verrathen" [2]).

Es bleibt nun noch übrig, einen Blick auf die Satire zu werfen. Als Muster der Nachahmung gelten, wie schon gesagt, dem Horaz die Dichter der alten griechischen Komödie, wie Eupolis,

---

[1]) A. a. O. p. 396. Anm. 287. Derselbe c. 67 p. 393: Diese Redaction (d. i. der Tragödie) beseitigte sogleich das Satyrspiel, das vermöge seines Geistes und seiner religiösen Ursprünge den Römern völlig fremd war; sie haben es niemals versucht, auch wohl kein Bedürfniss gefühlt, eine hohe Stimmung durch heitere Kontraste zu lösen und eine Reihe Tragödien in poetisch gehaltenen Nachspielen, wofür das Zwischenspiel oder exodium (Anm. 275) nicht gelten darf, abzuschliessen.

[2]) A. P. 220—250.

Cratinus, Aristophanes [1]). Die Regel, wie eine Satire sein soll, ist, in folgenden Versen ausgesprochen:

> est brevitate opus, ut currat sententia, neu se
> impediat verbis lassas onerantibus aures;
> et sermone opus est modo tristi, saepe jocoso,
> defendente vicem modo rhetoris atque poetae,
> interdum urbani, parcentis viribus atque
> extenuantis eas consulto. ridiculum acri
> fortius et melius magnas plerumque secat res.
> Ep. I. 10, 9—15.

Feile und Kritik.

Wir haben schon gesehen, dass Horaz den Dichtern der älteren wie der neueren Zeit den Vorwurf der Sorglosigkeit in der Schreibart macht; denn gut und richtig schreiben war ja den Vertretern der modernen Richtung eine Cardinaltugend, da ein Gedicht ein Kunstwerk sein sollte. Es fehlt darum auch nicht an directen Aufforderungen des Horaz an die Dichter, die poetischen Arbeiten einer genauen Durchsicht zu unterwerfen oder unterwerfen zu lassen, und sie nicht eher zu publiciren, bevor sie die Censur passirt hätten. „Lebte Lucilius noch," meint er, „so würde er jetzt gewiss ganz anders schreiben":

> saepe stilum vertas, iterum quae digna legi sint,
> scripturus —
> Sat. I. 10, 72—73 [2])

und:

> — qui legitimum cupiet fecisse poema
> cum tabulis animum censoris sumet honesti.
> Ep. II. 2, 109—110.

---

[1]) Sat. I. 4, 1—5, cf. Sat. I. 10, 16—17.
[2]) Sat. I. 10, 67—78.

Und ebendahin gehört:

> vos, o
> Pompilius sanguis, carmen reprendite quod non
> multa dies et multa litura coercuit atque
> praesectum deciens non castigavit ad unguem.
>
> A. P. 291—294.

Aber das eigene Urtheil ist oft trüglich, da der Dichter sich zu leicht in das Kind seiner Musse verliebt und in seinem Autorstolze die Schwächen desselben übersieht, vorzüglich derjenige, dessen Geschmack noch nicht rein durchgebildet ist und der also durch seine Eigenliebe sich um so eher täuschen lässt. Zu diesem unreifen Geschlechte neigte offenbar der ältere der beiden Pisonen hin. Solche Dichter haben, wenn sie etwas Erträgliches leisten wollen, unbedingt erst das Urtheil ehrlicher und erfahrener Kritiker einzuholen, und auch dann möge das Werk noch lange liegen (nonumque prematur in annum A. P. 388[1])); denn

> delere licebit
> quod non edideris; nescit vox missa reverti.
>
> A. P. 389—390 [2]).

Muster solcher Kritiker sind dem Horaz sein verstorbener Freund Quintilius und der bekannte Homerkritiker Aristarchus. „Wenn einer dem Quintilius etwas vorlas," erzählt er, „und jener auf das Verlangen, das Fehlerhafte zu verbessern, versicherte, dass er dies schon zwei-, dreimal umsonst versucht habe, so forderte ihn Quintilius auf, noch einen vierten Versuch zu wagen; vertheidigte jener seine Fehler, so liess er ihn gehen und kümmerte

---

[1]) Diese berühmten Worte sind dem Catullus (95) nachgebildet:
  Zmyrna mei Cinnae nonam post denique messem
  Quam coepta est nonamque edita post hiemem.
Philargyrius ad Vergilii Eclog. 9, 35: Cinna Zmyrnam scripsit, quam nonum post annum, ut Catullus ait, edidit. Id quod et Quintilianus ait. Unde etiam Horatium in Arte poetica dicunt ad eum allusisse, cum sit „nonumque prematur in annum." Cf. Ritter.

[2]) A. P. 385—390.

sich nicht weiter um den eitlen und rechthaberischen Menschen. Ein wohlmeinender und kluger Mann wird die schwachen Verse tadeln, die harten missbilligen, mit umgekehrtem Griffel ein schwarzes Zeichen zu den kunstlosen hinzusetzen, anspruchsvolle Zierrathen wegschneiden, auf Unklarheiten aufmerksam machen, Doppelsinniges rügen, das, was zu ändern ist, bemerken — er wird handeln wie ein Aristarchus (fiet Aristarchus)"[1]).
Das Urtheil des Kritikers, sowie des Lesers oder Hörers muss aber immer ein billiges sein. Ein Buch darf desshalb nicht gleich verurtheilt werden, wenn sich darin einige Fehler finden, die entweder durch augenblickliche Sorglosigkeit oder menschliche Schwäche entstanden sind. Der Massstab für die Beurtheilung ist folgender: fehlt ein Dichter eigensinnig immerfort, so wird er mit Recht verlacht, auch wenn er sich hie und da über das gewöhnliche Niveau erhebt; jedoch ein im Ganzen vortreffliches Werk hat vollen Anspruch auf Nachsicht, wenn sich Fehler einschleichen (quandoque bonus dormitat Homerus A. P. 359), zumal wenn es lang ist. Horaz vergleicht die Poesie mit der Malerei und will, dass der Leser sich auf den objectiven Standpunkt des Beschauers versetze.

Ut pictura poesis; erit quae, si propius stes,
te capiat magis, et quaedam, si longius abstes;
haec amat obscurum, volet haec sub luce videri,
indicis argutum quae non formidat acumen;
haec placuit semel, haec decies repetita placebit.
A. P. 361—365.

Das heisst: das eine Werk zeichnet sich durch feine Technik und künstlerische Durcharbeitung im Einzelnen aus, ein anderes mehr durch den Totaleindruck, den es macht; das eine will nicht kritisch beleuchtet, sondern im Ganzen genossen sein, ein anderes hingegen wird nur durch tiefes Eingehen auf seine besonderen Eigen-

---

[1]) A. P. 438—450.

thümlichkeiten recht erkannt und gewürdigt werden; das eine erhebt in Anbetracht der Leichtigkeit und Durchsichtigkeit seines Inhalts nicht den Anspruch auf öftere Lesung, ein anderes übt durch seine Tiefe immer wieder neue Anziehungskraft aus [1]).

Beruf und Werth der Dichtkunst.

Der Römer schied streng zwischen den Dingen, welche seines Amtes waren und ihm demnach Nutzen brachten, und denen, womit er die Zeit seiner Musse in der „eines Freien würdigen Weise" ausfüllte, „in quibus non utilitas quaeritur necessaria, sed animi libera quaedam oblectatio [2])." Unter den letzteren versteht er alles dasjenige, was den Geist aus der Sphäre des Geschäftskreises und des gewöhnlichen Daseins herausreisst, emporhebt und so das Leben verschönert. Darunter gehört auch die Beschäftigung mit der Poesie, welche unter eben diesem Gesichtspunkte von Horaz als ein Schmuck, nicht als ein Bedürfniss des Lebens angesehen wird. Darum können aber auch mit Recht die höchsten Ansprüche an sie gestellt werden: „denn nur in gewissen Sachen wird Mittelmässigkeit geduldet. So ist z. B. ein

---

[1]) A. P. 347—365. Lambinus zu v. 363—364: „amat ea pictura locum obscurum, quae deterior est; altera autem, quae in luce spectari non recusat, longe scilicet melior est." Denn kein Künstler beabsichtigt, dass sein Bild nur im Dunkeln beschaut werde, er müsste denn locale Verhältnisse zu berücksichtigen haben. — Der Vergleich mit der Malerei auch A. P. 1—10. Andere Beispiele aus dem Alterthum: Plutarch de gloria Athen. c. 3: ὁ Σιμωνίδης τὴν μὲν ζωγραφίαν ποίησιν σιωπῶσαν προσαγορεύει, τὴν δὲ ποίησιν ζωγραφίαν λαλοῦσαν. Lucian imagg. 18: παλαιὸς οὗτος ὁ λόγος, ἀνευθύνους εἶναι καὶ ποιητὰς καὶ γραφέας. Cic. Tusc. V. 39, 114: Traditum est etiam Homerum caecum fuisse. At ejus picturam, non poesin, videmus.

[2]) Cic. de Or. I. 26, 118.

mittelmässiger Jurist und Sachwalter weit entfernt von der Vortrefflichkeit der Meister des Faches, eines Messala und Cascellius Aulus — und erlangt doch Anerkennung. Aber bei der Dichtkunst findet ein ganz anderes Verhältniss statt. Von einem mittelmässigen Dichter wollen weder Menschen, noch Götter, noch Bücherladen etwas wissen." Schlechte Gedichte sind dem Horaz etwas Ueberflüssiges, ja Beleidigendes, „wie ein misstönendes Concert und dickes Oel und Mohn mit sardischem Honig bei einem angenehmen Mahle."

— animis natum inventumque poema iuvandis,
si paulum summo decessit, vergit ad imum.
A. P. 377—378 [1]).

Wir müssen uns aber hüten, den Horaz misszuverstehen, wenn er sagt:

aut prodesse volunt, aut delectare poetae,
aut simul et iucunda et idonea dicere vitae.
A. P. 333—334.

Denn er meint damit weder das blosse Amüsement, noch die rein trockene Belehrung. Vergleichen wir, was er Ep. II. 1, 208—213 und A. P. 99—100 vom Drama fordert, so würde er seiner eigenen Meinung untreu werden, wenn er hier den Zweck der Poesie im reinen Zeitvertreibe fände. Es ist vielmehr unter der „Ergötzung" die geistige Erhebung und die Freude am Schönen zu verstehen, worein ein wohlgelungenes Gedicht den Hörer und Leser versetzt, indem dasselbe die Seele gleichsam gefangen nimmt und in süsse Illusionen einwiegt. In Betreff des „Nutzens" hat man, wie z. B. Orelli thut, an die didactische Poesie gedacht. Aber diese zählt ja Horaz gar nicht in das Gebiet der Dichtkunst. Was er mit dem Nutzen sagen will, wird klar aus Ep. II. 1, 120—137 (impr. 127—131), welche Stelle noch zur Sprache kom-

---

[1]) Die ganze Stelle: A. P. 366—378.

men wird; er meint, dass die Dichtkunst auch den Zweck verfolge, einen sittlich veredelnden Einfluss auf die Menschen auszuüben. Dass diese Ansicht im Bewusstsein der Alten in ausgeprägter Weise vorhanden war, dafür bedarf es keines besonderen Beweises. Man denke nur an den Chor der Tragödie und an die Komödie, z. B. an die des Aristophanes. In diesem Sinne aufgefasst, kann ebenso auch jede andere Dichtungsart didactisch behandelt werden, ohne dass darum der poetischen Schönheit Eintrag geschähe.

Will der Dichter „nützen", so muss er kurz sein, damit seine Lehren sich dem Gedächtnisse besser einprägen; will er „ergötzen", so darf er die Phantasie nicht durch Unwahrscheinlichkeiten verletzen [1]. Da nun aber der Geschmack verschieden ist, so wird eine Mischung von Beiden den meisten Beifall erringen:

omne tulit punctum qui miscuit utile dulci,
lectorem delectando pariterque monendo.
hic meret aera liber Sosiis, hic et mare transit
et longum noto scriptori prorogat aevum.

A. P. 343—346 [2]).

In gleicher Weise spricht sich Horaz über die Dichtkunst A. P. 391—407 aus. Doederlein hat diese Stelle zuerst in der Philologenversammlung in Altenburg 1855 erläutert und sodann wieder in seiner Ausgabe der Episteln des Horaz also besprochen: „Mit dieser ganzen Stelle rechtfertigt Horaz seine scheinbar anmassende Zumuthung, dass Piso seine Gedichte auch ihm zur Kritik vorlegen solle. — Sie scheint ihm deshalb anmassend und zudringlich, weil er nur ein lyrischer Dichter sei, mithin ihm über Dramen kein Urtheil zustehe. — Diese Episode nun soll den hohen Werth der Lyrik und hiemit seine, des Lyrikers, Befähigung

---

[1]) Horaz spricht vom Dramatiker.
[2]) Die ganze Stelle: A. P. 333—346.

zum Mitsprechen darthun. Denn „die ältesten Dichter und die grössten Wohlthäter der Menschheit, Orpheus und Amphion, waren Lyriker. Erst nach ihnen (denn post hat den Nachdruck und schliesst deshalb den Begriff demum in sich) trat Homer auf, erst nach ihnen entstanden die übrigen Gattungen der Poesie, Kriegslieder, Orakelsprüche, gnomische und Hofpoesie, und zuletzt das Drama. Darum schäme dich nicht, auch der Lyrik in meiner Person jene Ehre zu erweisen. Diese Anwendung der ganzen Episode liegt deutlich in den Schlussworten: „ne forte pudori sit tibi Musa lyrae solers et cantor Apollo." Aber diese Erklärung ist hineingetragen. Betrachten wir die Worte im Zusammenhange, so scheint vielmehr folgender Sinn sich zu ergeben: Horaz hat im Vorhergehenden von dem Zwecke der Dichtkunst gesprochen, sodann die Klage hinzugefügt, dass so viele ohne wahren Beruf sich zu Dichtern berufen glaubten, und daran die Ermahnung an den älteren Piso geknüpft, seine Gedichte vor der Veröffentlichung erst einer reiflichen Prüfung und Erwägung anheimzugeben. Nun folgt der Hinweis auf jene alten Sänger und überhaupt auf die ältere Zeit, in welcher sich die Dichtkunst entwickelte und zu Ehren kam, wobei Horaz an den Beispielen des Orpheus, Amphion u. s. w. zeigt, welche Macht die Poesie auf die Menschen ausübte, indem sie dieselben erfreute, zur Humanität führte und zu grossen Entschlüssen begeisterte (cf. prodesse und delectare). Das Gewicht, welches Doederlein auf *post* legt, ist gar nicht darin enthalten, und was die Schlussworte anbetrifft, so beziehen sie sich auf die angeführte Ermahnung. Ihr Sinn ist also: schaue hin auf die grossen Ziele der Dichtkunst und beurtheile nach diesem Maassstabe deine eigenen Werke — damit du dich ihrer einst nicht zu schämen brauchst, weil du die Dichtkunst entweiht hast. Denn eine solche Demüthigung vor dem jungen Piso, wie sie Doederlein dem Horaz zumuthet, wenn dieser seine „Befähigung zum Mitsprechen" überhaupt erst darthun soll, liegt ganz und gar nicht weder in dem Charakter, noch in den

Worten desselben. Mag auch Horaz, wie Doederlein richtig meint, unter der Musa lyrae solers und dem cantor Apollo nur die lyrische Dichtkunst verstanden wissen — gut! so nehmen wir an, dass Piso auch lyrische Gedichte verfertigte. Denn dass dieser sich nur mit dem Drama beschäftigt habe, ist eine ganz unerwiesene und auf sehr leichten Gründen beruhende Behauptung, zumal da wir ja ohnehin gar nichts Bestimmtes von ihm wissen.

Eine herrliche Beschreibung des Segens der Dichtkunst ist in Ep. II. 1, 118—138 enthalten, in welcher Epistel Horaz dem Augustus die dichterischen Verhältnisse Roms auseinandersetzt und, indem er ihm die Hindernisse, mit welchen die Dichtkunst zu kämpfen habe, beschreibt, ihn auffordert, derselben sein Wohlwollen nicht zu entziehen. Nachdem nämlich Horaz den um sich greifenden Dilettantismus besprochen hat, vertheidigt er nicht sowohl denselben, wie man vielleicht aus vss. 118—119 (hic error tamen et levis haec insania quantas virtutes habeat, sic collige) vermuthen könnte, sondern schildert vielmehr den veredelnden Einfluss, welchen die wahre Dichtkunst auf Bildung und Sittlichkeit des Menschen hat[1]). „Ein Dichter ist nicht leicht geizig: er liebt nur Verse; die Widerwärtigkeiten des Schicksals, wie Verluste, Flucht von Sclaven, Brand, fechten ihn nicht an; er sinnt nicht auf Betrug und ist zufrieden mit seinem Loose; nützt er auch nicht als Soldat dem Staate, so thut er es doch in anderer Weise: er formt den Mund des Knaben, lenkt den Geist desselben ab vom Gemeinen zum Höheren, bildet sein Gemüth durch freundliche Lehren, reinigt es von Trotz, Neid und Zorn; er erzählt edle Thaten, spornt die kommenden Geschlechter durch Hinstellung rühmlicher Vorbilder zur Nacheiferung an, er tröstet den Armen und Kranken.

---

[1]) Orelli: hanc tamen carmina pangendi insaniam, sed levem neminique noxiam commoda etiam quaedam habere candide simulque callide ostendit; callide, quatenus simulat se de tota illa poetarum turba verba facere, cum ea, quae affert, tantum modo de veris summisque poetis possint affirmari.

Er lehrt die unschuldigen Knaben und Mädchen Gebete[1]); der Chor, welchem er Lieder gibt, bittet die Gottheit um Hülfe und ist sich ihrer Nähe bewusst, er wendet schmeichelnd durch seine Fürbitte Dürre, Krankheit und bevorstehende Gefahren ab, schafft Frieden und ein an Früchten reiches Jahr. Durch ein Gedicht werden die Götter und Manen versöhnt." So reinigt die Dichtkunst die Seele von Leidenschaften, wirkt erziehend und ist das Band zwischen Menschen und Göttern.

In gleich vortrefflicher Weise belehrt Horaz den Censorinus über den Werth der Dichtkunst, dass diese besser als Marmor unsterblich mache:

> ereptum Stygiis fluctibus Aeacum
> virtus et favor et lingua potentium
> vatum divitibus consecrat insulis.
> *dignum laude virum Musa vetat mori.*
> *coelo Musa beat.*
>
> Carm. IV. 8, 25—29.

Und nicht minder schön sagt er zum Marcus Lollius, indem er ihm als Preis für seine Tugenden die Unsterblichkeit durch sein Lied verheisst:

> vixere fortes ante Agamemnona
> multi: sed omnes inlacrimabiles
> urgentur ignotique longa
> nocte, carent quia vate sacro.
>
> Carm. IV. 9, 25—28.

Die Laute ist eine süsse Linderung der Leiden[2]), Wein und Gesang vertreiben die Sorgen[3]).

---

[1]) Hindeutung auf das carmen saeculare.
[2]) Carm. I. 32, 14—15.
[3]) Epd. lib. 13, 17—18.

Welche Zaubermacht im Gesange liegt, wird ausführlich in dem Liede an den Baum, der ihn beinahe erschlagen hätte, geschildert [1]). „Beinahe," sagt Horaz, „hätte ich das Reich der finstern Proserpina gesehen, den Aeacus, die Sitze der Frommen, die über ihre Landsmänninnen klagende Sappho und den Alcäus, welcher kräftig mit goldenem Plectrum die Mühseligkeiten der Schifffahrt, der Verbannung und des Krieges besingt. Die Schatten hören dem Gesange mit heiligem Stillschweigen zu; aber noch mehr erfreuen (bibit aure) das dichtgedrängte Volk die Lieder des Alcäus von den Schlachten und der Vertreibung der Tyrannen als die Liebeslieder der Sappho. Ja sogar der Cerberus senkt seine schwarzen Ohren, und die Schlangen in den Haaren der Eumeniden, Prometheus, Tantalus und Orion lauschen dem Gesange der Beiden."

So dachte Horaz von der Dichtkunst und so kämpfte er für sie. Gewiss schätzte er dieselbe nicht geringer als Cicero, welcher von ihr wie von den Humanitätsstudien überhaupt sagt: haec studia adulescentiam alunt, senectutem oblectant, secundas res ornant, adversis perfugium ac solacium praebent, delectant domi, non impediunt foris, pernoctant nobiscum, peregrinantur, rusticantur [2]).

---

[1]) Carm. II. 13, 21—40.
[2]) Cic. pro Arch. VII. 16.